DESCRIPTION
DES FÊTES

DONNÉES

PAR LA VILLE DE PARIS,

A S. A. R. MONSEIGNEUR LOUIS - ANTOINE

DUC D'ANGOULÊME,

EN INSCRIPTIONS RENFERMANT

L'année MDCCLLXXIII, XV et XXIII décembre,

Par Léopold KEIL,

ANCIEN PROFESSEUR D'HISTOIRE
ET BIBLIOTHÉCAIRE.

Redux é columnis Herculeis,
Ferdinandi Liberator.

PARIS.
1824.

Les Inscriptions renfermant les Années, peuvent être regardées comme une Mnémonique, et servir d'amusement aux Hommes et aux Femmes de tout âge, car il est extrêmement facile d'en faire les additions ; si l'on commence à chercher les lettres qui comptent le plus, et qu'on les pose progressivement selon leur valeur. Il n'y a que sept lettres numérales :

M.	D.	C.	L.	X.	V.	I.
1000.	500.	100.	50.	10.	5.	1.

Si une lettre numérale est suivie dans le même mot, d'une autre qui a plus de valeur, celle-ci compte alors autant de moins.

IV.	IX.	IL.	IC.	ID.	IM.
4.	9.	49.	99.	499.	999.

VX.	VL.	VC.	VD.	VM.
5.	45.	95.	495.	995.

XL.	XC.	XD.	XM.
40.	90.	490.	990.

LC.	LD.	LM.
50.	450.	950.

CD.	CM.
400.	900.

DM.
500.

FÊTES
DE PARIS.

Louis,
dans sa haute
et profonde sagesse,
fait la guerre
à l'instar de Charles V.

———

Le cordon aux Pyrénées,
appelé sanitaire ;
change peu à peu
en une armée.

———

La belle Armée des Pyrénées,
confiée par le Roi,
au sage Bourbon,
son Neveu.

———

Pyrénées franchies,
Espagne envahie
par
un Bourbon
économe du sang François.

LoVIS,
Dans sa haVte
et profonDe sagesse,
faIt La gVerre
à L'Instar De CharLes V.

———

Le CorDon aVX PIrénées,
appeLé sanItaIre,
Changé peV à peV
en Vne arMée.

———

La BeLLe arMée Des PIrénées,
ConfIée par Le RoI,
aV sage BoVrbon,
son neVeV.

———

PIrénées FranChIes,
Espagne enVahIe
par Vn
BoVrbon
éConoMe DV sang FranÇoIs.

Le Héros, entré dans l'Espagne, observe une discipline des plus sévères.	Le Héros, entré Dans L'Espagne, obserVe Vne DIsCIpLIne Des pLVs séVères.

Vaine résistance
des Forteresses Espagnoles
assiégées :
le Bourbon emporte
Les unes après les autres.

VaIne résIstanCe
Des Forteresses EspaguoLes
assIégées :
Le BoVrbon eMporte
Les Vnes après Les aVtres.

Trocadero,
dernier refuge
des Constitutionnels,
enlevé
par assaut.

TroCaDero,
DernIer refVge
Des ConstItVtIonneLs,
enLeVé
par assaVt.

Le Bourbon, exposant
sans cesse la vie,
voit tomber les boulets
à ses pieds.

Le BoVrbon, eXposant
sans Cesse La VIe,
VoIt toMber Les boVLets
à ses pIeDs.

Cadix assiégée,
ouvre les portes,
et laisse
la liberté à Ferdinand.

CaDIX assIégée,
oVVre Les portes,
et LaIsse
La LIberté à FerDInanD.

Mina aux abois,
ouvre les portes de Barcelone
aux
François.

MIna aVX aboIs,
oVVre Les portes De BarCeLone
aVX
FranÇoIs.

La Postérité
ne croira pas à l'heureuse
Campagne d'Espagne,
entreprise
par un Bourbon.

———

Condé
paraît ressuscité
dans
le Vainqueur
de l'Espagne.

———

Le Bourbon
dit à l'instar
de César :
veni, vidi, vici.

———

L'Espagne
conquise, beau
sujet de Poëme
pour
les Poëtes François.

———

Déjà
les talens payent
en Odes,
leur tribut,
au Conquérant de l'Espagne.

———

Arrêté
pris par Chabrol, Préfet,
et les Maires,
pour fêter
le Vainqueur de l'Espagne.

La PostérIté
ne CroIra pas à L'heVreVse
CaMpagne D'Espagne,
entreprIse
par Vn BoVrbon.

———

ConDé
paraIt ressVsCIté
Dans
Le VaInqVeVr
De L'Espagne.

———

Le BoVrbon
DIt à l'Instar
De César :
VenI, VIDI, VICI.

———

L'Espagne
ConqVIse, beaV
sVJet De poëMe
poVr
Les poëtes FranÇoIs.

———

DéIà
Les taLens paIent
en oDes,
LeVr trIbVt,
aV ConqVérant De L'Espagne.

———

Arrêté
prIs par ChabroL, Préfet,
et Les MaIres,
poVr fêter
Le VaInqVeVr De L'Espagne.

La Garde nationale
de Paris
se porte
jusqu'à la Barrière,
à la rencontre du Guerrier.

La garDe natIonaLe
De ParIs
se porte
jUsqU'à La barrIère,
à La renContre DV gVerrIer.

—

L'heureux
libérateur de l'Espagne,
revient,
rentre dans Paris,
par la barrière de l'Étoile.

L'heVreVX
LIbérateVr De L'Espagne,
reVIent,
rentre Dans ParIs,
par La barrIère De L'étoILe.

—

Le Bourbon
et ses braves Généraux,
passent
par une haie
de
Citoyens armés.

Le BoVrbon,
et ses braVes généraVX,
passent
par Vne haIe
De
CItoIens arMés.

—

Parisiens
avertis
de l'entrée du Bourbon,
par
les coups de canon.

ParIsIens
aVertIs
De L'entrée DV BoVrbon,
par
Les CoVps De Canon.

—

La foule de Paris
se précipite
sur les pas du Bourbon
revenu de l'Espagne.

La foVLe De ParIs
se préCIpIté
sVr Les pas DV BoVrbon
reVenV De L'Espagne.

—

Le Héros,
victorieux en Espagne,
revenu à Paris,
le 11 Décembre.

Le Héros,
VICtorIeVX en Espagne,
reVenV à ParIs,
Le XI DéCeMbre.

Louis
reçoit et embrasse
son Neveu
chargé de Lauriers.

LoVIs
reÇoIt et eMbrasse
son neVeV
Chargé Dé LaVrIers.

———

Le Héros,
ayant été pressé
sur le cœur de Louis,
se jette
entre les bras
de son Père et de son Épouse.

Le Héros,
aIant été pressé
sVr Le CœVr De LoVIs,
se Iette
entre Les bras
De son père et De son époVse.

———

Marie-Thérèse
reçoit
avec transport, son Époux
revenant
de l'Espagne à Paris.

MarIe-Thérèse
reVoIt,
aVeC transport, son ÉpoVX
reVenant
De L'Espagne à ParIs.

———

Les Corps constitués
introduits
auprès du Héros
de l'Espagne.

Les Corps ConstItVés
IntroDVIts
aVprès DV Héros
De L'Espagne.

———

Les fers de Ferdinand
brisés,
l'anarchie vaincue
en Espagne,
rappelés au Héros par les
Orateurs.

Les fers De FerDInanD
brIsés,
L'anarChIe VaInCVe
en Espagne,
rappeLés aV Héros par Les
OrateVrs.

———

La Fête,
organisée par le Préfet,
a lieu à Paris,
le 15 Décembre.

La Fête,
organIsée par Le Préfet,
a LIeV à ParIs,
Le XV DéCeMbre.

<table>
<tr><td>

Plaisir,
des gens saisissant
des Prix
au haut des Cocagnes.

—

Du Pain,
Vin, Volaille,
Saucisses
donnés au Peuple
de Paris.

Le Vainqueur
fêté à son retour
à Paris,
par les Illuminations
et feux d'artifice.

De vastes
salles réunies
à l'Hôtel-de-Ville
de Paris,
paroissent une Féerie.

—

Tapisseries
des Gobelins et Glaces
passant six pieds
de hauteur,
ornent les Salons.

Superbes Rideaux
en Soie et en Satin,
fournis
par les meilleurs
Ateliers François.

</td><td>

PLaIsIr,
Des gens saIsIssant
Des PrIX
aV haVt Des CoCagnes.

—

DV PaIn,
VIn, VoLaILLe,
SaVCIsses
Donnés aV PeVpLe
De ParIs.

Le VaInqVeVr
fêté à son retoVr
à ParIs,
par Les ILLVMInatIons
et feVX D'artIfICe.

De Vastes
saLLes réVnIes
à L'HôteL-De-VILLe
De ParIs,
paroIssent Vne FéerIe.

—

TapIsserIes
Des GobeLIns et gLaCes
passant sIX pIeDs
De haVteVr,
ornent Les saLons.

SVperbes rIDeaVX
en SoIe et en SatIn,
foVrnIs
par Les MeILLeVrs
AteLIers FranÇoIs.

</td></tr>
</table>

Effet
des Lustres suspendus,
reflétant à l'infini
sur des Glaces.

Effet
Des LVstres sVspenDVs,
refLétant à L'InfinI
sVr Des gLaCes.

Éclat vif,
aux Salons,
répandu par les bougies
innombrables.

ÉCLat VIf
aVX saLons,
répanDV par Les boVgIes
InnoMbrabLes.

Beau Théâtre,
construit à la hâte,
pour
jouer la Comédie.

BeaV Théâtre,
ConstrVIt à La hâte,
poVr
JoVer La CoMéDIe.

Les Inscriptions,
au dehors,
rappellent les Victoires
heureuses
remportées en Espagne.

Les InsCrIptIons,
aV Dehors,
rappeLLent Les VICtoIres
heVreVses
reMportées en Espagne.

Brillante Société
réunie,
sur
des Billets d'invitation
du Préfet.

BrILLante SoCIété
réVnIe,
sVr
Des BILLets D'InVItatIon
DV Préfet.

Ministres,
Juges, Avocats,
Généraux,
Négocians, artistes confondus.

MInIstres,
JVges, aVoCats,
GénéraVX,
NégoCIans, artIstes ConfonDVs.

Pairs,	Pairs,
Grands Dignitaires,	GranDs DIgnItaIres,
Députés,	DépVtés,
arrivent, se placent	arrIVent, se pLaCent
sans conserver	sans ConserVer
leur rang.	LeVr rang.
—	—
Louis regrette de ne pouvoir	LoVIs regrette De ne poVVoIr
point assister	poInt assIster
à la Fête	à La Fête
avec sa Famille.	aVeC sa faMILLe.
—	—
Tous les yeux se tournent	ToVs Les YeVX se ToVrnent
vers Angoulême,	Vers AngoVLêMe,
et les deux	et Les DeVX
Princesses Royales.	PrInCesses RoIaLes.
—	—
Monsieur, Frère du Roi,	MonsIeVr, Frère DV RoI,
jouit,	JoVIt,
en jetant l'œil	en Iettant L'œIL
sur le Héros, son Fils,	sVr Le Héros, son FILs,
entouré par la Foule.	entoVré par La foVLe.
—	—
Le conquérant	Le ConqVérant
digne de son père	Digne De son père
preux Chevalier	preUX CheVaLIer
rejeton de Henri IV.	reJeton De HenrI IV.
—	—
Jeunes	JeVnes
Dames Françoises,	DaMes FranÇoIses,
éblouissant	ébLoVIssant
par leurs Grâces et	par LeVrs GrâCes et
Parures.	ParVres.

<table>
<tr><td>

Luxe
extraordinaire,
affiché
dans toutes
les conditions.

———

Chacun
veut se distinguer
par ses Étoffes,
ses
Broderies et ses Dentelles.

———

Des Gens graves
applaudissent au luxe
tournant à l'avantage
des
Ateliers François.

———

Ordre admirable,
introduit au service
par les
Inspecteurs.

———

Dîner,
servi par le Restaurateur
Pallud,
devenu célèbre
à Paris.

———

Dîner donné
sur Vaisselle Plate
et sur
Porcelaine de Sèvres.

</td><td>

LVXe
eXtraorDInaIre,
affIChé
Dans toVtes.
Les ConDItIons.

———

ChaCVn
VeVt se DIstIngVer
par ses Étoffes,
ses
BroDerIes et ses DenteLLes.

———

Des Gens graVes
appLaVDIssent àV LVXe
toVrnant à L'aVantage
Des
AteLIers FranÇoIs.

———

OrDre aDMIrabLe,
IntroDVIt aV serVICe
par Les
InspeCteVrs.

———

DIuer
serVI par Le RestaVrateVr
PaLLVD,
DeVenV CéLèbre
à ParIs.

———

DIner Donné
sVr VaIsseLLe PLate
et sVr
PorCeLaIne De SèVres.

</td></tr>
</table>

Vingt-quatre
belles Dames invitées
au repas ,
par le Préfet Chabrol.

———

Les Dames,
entourées à table ,
prévenues et servies
par la
galanterie Françoise.

———

Mille
Laquais , prêts à servir ,
passent et repassent
courent et reviennent
hors d'haleine.

———

Les
Huîtres et le Chablis
ouvrent l'appétit
des Amateurs.

———

La Volaille,
des Cressons , Truffes ,
Gibier , Poissons ,
Pâtés , Rôtis
présentés aux Gourmets.

———

Poires
et Raisins savourés ,
Confitures goûtées
par des
gens dans les délices.

VIngt-qVatre
beLLes DaMes InVItées
aV repas ,
par Le Préfet ChabroL.

———

Les DaMes,
EntoVrées à tabLe ,
préVenVes et serVIes
par La
gaLanterIe FranÇoIse.

———

MILLe
LaqVaIs, prêts à serVIr ,
passent et repassent ,
CoVrent et reVIennent
hors D'haLeIne.

———

Les
hVItres et Le ChabLIs
oVVrent L'appétIt
Des aMateVrs.

———

La VoLaILLe,
Des Cressons , TrVffes ,
GIbIer , PoIssons ,
Pâtés , RôtIs
présentés aVX goVrMets.

———

PoIres
et RaIsIns saVoVrés ,
ConfItVres goVtées
par Des
gens Dans Les DéLICes.

Les plus beaux Fruits,
imités
par des Confiseurs,
garnissent
les Tables.

———

Laquais donnent à boire
dans les
plus beaux Vases
de Cristal.

———

Le Vin
de Surène banni,
trouvé excellent
sous
le règne du Roi Dagobert.

———

Le Malaga
apporté à Table,
après
le vieux Vin du Rhin,
flatte les gens.

———

Champagne,
Bordeaux et Bourgogne;
versés à flots,
réjouissent
les François.

———

La gaieté règne à table;
les Toasts :
Vivent le Roi et d'Angoulême
le Vainqueur,
retentissent.

Les pLVs beaVX FrVIts,
IMItés
par Des ConfIseVrs,
garnIssent
Les_tabLes.

———

LaqVals Donnent à boIre
Dans Les
pLVs beaVX Vases
De CrIstaL.

———

Le VIn
De SVrène bannI,
troVVé eXCeLLent
soVs
Le règne DV RoI Dagobert.

———

Le MaLaga
apporté à tabLe,
après
Le VIeVX VIn DV RhIn,
fLatte Les gens.

———

ChaMpagne,
BorDeaVX et BoVrgogne,
Versés à fLots,
réIoVIssent
Les FranÇoIs.

———

La gaIeté règne à tabLe;
Les Toasts :
VIVent Le RoI et D'AngoVLêMe
Le VaInqVeVr,
retentIssent

Le véritable Café de Moka,
versé,
réjouit les gens,
après leur repas.

———

Liqueurs
des îles, Anisette
de Bordeaux
et Cognac
servis.

———

Gourmets goûtant
le
Kirschenwasser
de la Forêt-Noire,
le préfèrent
à l'Anisette.

———

Les différentes
tables,
renouvellées dans la nuit,
par des laquais.

———

Les violons
joués par les plus
forts Musiciens
de Paris.

———

Chasset
fait jouer
un Intermède
riche
en allusions au Héros.

Le VérItabLe CaféDe Moka,
Versé,
réJoVIt Les gens,
après LeVr repas.

———

LIqVeVrs
Des ILes, AnIsette
De BorDeaVX
et CoIgnaC
serVIs.

———

GoVrMets goVtant
Le
KIrsChenWasser
De La Forêt-NoIre,
Le préfèrent
à L'AnIsette.

———

Les DIfférentes
tabLes,
renoVVeLLées Dans La nVIt,
par Des LaqVaIs.

———

Les VIoLons
IoVés par Les pLVs
forts MVsICIens
De ParIs.

———

Chasset
faIt JoVer
Vn InterMèDe
rIChe
en aLLVsIons aV Héros.

<table>
<tr><td>

Danse
ouverte par la
Princesse
de Berri,
et Carignan venu
de l'Espagne.

———

La
Princesse
de Berri invitée
à danser
à une quadrille,
ne la refuse pas.

———

La Princesse
de Berri
réunit dans sa personne,
toutes les grâces
de son sexe.

———

Le Plaisir
des Danseurs
avalant du punch
à longs traits.

———

Allégresse
publique partagée par
la Princesse
Marie-Thérèse,
épouse
du Héros fêté.

———

Bourbons
contens de la belle Fête,
ne la quittent
qu'après minuit.

</td><td>

Danse
oVVerte par La
PrInCesse
De BerrI,
et CarIgnan VenV
De L'Espagne.

———

La
PrInCesse
De BerrI InVItée
à Danser
à Vne qVaDrILLe,
ne La refVse pas.

———

La PrInCesse
De BerrI
réVnIt Dans sa personne,
toVtes Les grâCes
De son seXe.

———

Le PLaIsIr
Des DanseVrs
aVaLant DV pVnCh
à Longs traIts

———

ALLégresse
pVbLIqVe partagée par
La PrInCesse
MarIe-Thérèse,
époVse
DV Héros fêté.

———

BoVrbons
Contens De La beLLe Féte,
ne La qVIttent
qV'après MInVIt.

</td></tr>
</table>

Les Dames,
infatigables, walsent
sans cesse,
toute la nuit.

———

Danseurs attristés,
voyant avancer trop vite
les aiguilles
des Pendules.

———

Peine des Danseuses
apercevant le jour,
et se retirant des salons
enchanteurs.

———

Le Peuple
chante le Bourbon
Libérateur
du Roi Ferdinand.

———

Enthousiasme
pour le Bourbon,
Héros
chanté à Paris,
propagé
dans les Provinces.

———

Chansons,
pour honorer
le Vainqueur
de l'Espagne,
applaudies
sur les théâtres
de Paris.

———

Les DaMes,
InfatIgabLes, WaLsent
sans Cesse,
toVte La nVIt.

———

DanseVrs attrIstés,
VoIant aVanCer trop VIte
Les aIgVILLes
Des penDVLES.

———

PeIne Des DanseVses
aperCeVant Le JoVr,
et se retIrant des saLons
enChanteVrs.

———

Le PeVpLe
Chante Le BoVrbon
LIbérateVr
DV RoI FerDInanD.

———

EnthoVsIasMe
poVr Le BoVrbon,
Héros
Chanté à ParIs,
propagé
Dans Les ProVInCes.

———

Chansons
poVr honorer
Le VaInqVeVr
De L'Espagne,
appLaVDIes
sVr Les théâtres
De ParIs.

<table>
<tr><td>

Vieilles
gens ne se rappellent
pas d'avoir jamais
assisté à une Fête
plus brillante.

—

Éloges
dus au Préfet Chabrol,
ayant dirigé les travaux
de la Fête.

—

Repas offert au Héros,
à ses Généraux
et Officiers supérieurs,
par Chabrol, Préfet
et les Maires de Paris.

—

Buste
du Roi, dans le fond,
placé
vis-à-vis les tables.

—

Exploits
du Héros, et prise
des forteresses
de la Péninsule,
rappelés
par quarante-sept écussons.

—

Des trophées
ciselés en bronze, exposent
aux regards les hauts faits
des François
en Espagne.

</td><td>

VIeILLes
gens ne se rappeLLent
pas D'avoIr IaMaIs
assIsté à Vne Fête
pLVs brILLante.

—

ÉLoges
DVs aV Préfet ChabroL,
aIant DIrIgé Les traVaVX
De La Fête,

—

Repas offert aV Héros,
à ses généraVX
et offICIers sVpérIeVrs,
par ChabroL, Préfet
et Les MaIres De ParIs.

—

BVste
DV RoI, Dans Le fonD,
pLaCé
VIs-à-VIs Les tabLes.

—

EXpLoIts
DU Héros, et prIse
Des forteresses
De La PénInsVLe,
rappeLés
par qVarante-sept éCVssons.

—

Des trophées
CIseLés en bronze, eXposent
aVX regarDs Les haVts faIts
Des FranÇoIs
en Espagne.

</td></tr>
</table>

Le Prince
parmi trois cent
quatre-vingt-dix
personnes,
à table.

———

Honneurs
rendus aux braves
Carignan et Moncey,
assis à table,
près le Héros
fêté.

———

Le Bourbon
estime Carignan,
s'étant fait Grenadier
pour courir
à l'assaut.

———

Attirés
par la sympathie,
les cœurs généreux,
nés pour la gloire,
se devinent.

———

Les
Officiers-Généraux,
assis à table,
se lèvent spontanément
pour boire
à la santé du Roi.

Le PrInCe
parMI troIs Cent
qVatre-VIngt-DIX
personnes,
à tabLe.

———

HonneVrs
renDVs aVX braVes
CarIgnan et MonCeI,
assIs à tabLe,
près Le Héros
fêté.

———

Le BoVrbon
estIMe CarIgnan,
s'étant faIt GrenaDIer
poVr CoVrIr
à L'assaVt.

———

AttIrés
par La sIMpathIe,
Les CœVrs généreVX,
nés poVr La gLoIre,
se deVInent.

———

Les
OffICIers-GénéraVX,
assIs à tabLe,
se LèVent spontanéMent
poVr boIre
à La santé DV RoI.

Bellard porte un toast et boit à la santé du Héros, le Vainqueur de la Péninsule	BeLLarD porte Vn toast et boIt à La santé DV Héros, Le VaInqVeVr De La PénInsVLe.
—	—
Toast porté à Monsieur, frère du Roi, puis aux Princesses, ses belles-filles.	Toast porté à MonsIeVr, frère DV RoI, pVIs aVX prInCesses ses beLLes-fILLes.
—	—
Toast porté au Duc de Bordeaux, l'unique rejeton royal conservé.	Toast porté aV DVC De BorDeaVX, L'VnIqVe reIeton roIaL ConserVé.
—	—
Toast porté aux Armées françoises conduites à la gloire par un Bourbon.	Toast porté aVX ArMées franÇoIses ConDVItes à La gLoIre par Vn BoVrbon.
—	—
Des toasts étant portés au Roi et aux Princes, Bourbon boit à la santé de la Ville de Paris.	Des toasts étant portés aV RoI et aVX PrInCes, BoVrbon boIt à La santé De La VILLe De ParIs.
—	—
L'Expédition surprenante dans l'Espagne, chantée par Gaïnosse en présence des Braves.	L'EXpéDItIon sVrprenante Dans L'Espagne, Chantée par GaInosse en présenCe Des braVes.

Médailles représentant
les forteresses prises
en Espagne,
offertes, sous les serviettes,
aux Officiers invités.

MédaILLes représentant
Les forteresses
prIses en Espagne,
offertes soVs Les serVIettes,
aVX offICIers InVItés.

———

Sûreté publique
établie à Paris,
maintenue
par le Préfet de police.

SVreté
pVbLIqVe étabLIe à ParIs,
MaIntenVe
par Le Préfet De poLICe.

———

Chabrol,
Préfet et Légionnaire,
devient
Grand-officier,
par faveur du Roi.

ChabroL,
Préfet et LégIonnaIre,
DeVIent
GranD-offICIer,
par faVeVr DV RoI.

———

Toison d'Or reçue
par Carignan,
brave Grenadier, autre
Bayard,
sans peur et sans reproche.

ToIson D'Or reCVe
par CarIgnan,
braVe GrenaDIer, aVtre
BaIarD,
sans peVr et sans reproChe.

———

Bonne année souhaitée
au Bourbon
Héros de l'Espagne,
par
le Rédacteur
des Inscriptions.

Bonne année soVhaItée
aV BoVrbon
Héros De L'Espagne,
par
Le RéDaCteVr
Des InsCrIptIons.

———

FIN

———